Schule - دبستان	2
Reise - رێوێتی	5
Transport - گوهازتن	8
Stadt - باژار	10
Landschaft - تەبیەت	14
Restaurant - خوارنگەه	17
Supermarkt - بازار	20
Getränke - ڤەخوارنان	22
Essen - خوارن	23
Bauernhof - جۆتگەه	27
Haus - خانی	31
Wohnzimmer - ئۆدا روونشتنێ	33
Küche - مەتبەخ	35
Badezimmer - هەمام	38
Kinderzimmer - ئۆدەیا زارۆک	42
Kleidung - کنج	44
Büro - ئۆفیس	49
Wirtschaft - ئابۆری	51
Berufe - پرۆفەسیۆن	53
Werkzeuge - ئامووران	56
Musikinstrumente - ئامووریێن مووزیکێ	57
Zoo - باخچا هەیوانان	59
Sport - وەرزش	62
Aktivitäten - چالاکیان	63
Familie - مالبات	67
Körper - بەدەن	68
Spital - نەخوەشخانە	72
Notfall - ئاجیلییەت	76
Erde - ئەرد	77
Uhr - ساەت	79
Woche - هەفتە	80
Jahr - سال	81
Formen - شێوە	83
Farben - رەنگان	84
Gegenteile - بەرامبەران	85
Zahlen - هەژماران	88
Sprachen - زمانان	90
wer / was / wie - کی /چ / چاوا	91
wo - کوو	92

Impressum
Verlag: BABADADA GmbH, Nedderfeld 112 , 22529 Hamburg
Geschäftsführer / Verlagsleitung: Harald Hof
Druck: Books on Demand GmbH, In de Tarpen 42, 22848 Norderstedt

Imprint
Publisher: BABADADA GmbH, Nedderfeld 112 , 22529 Hamburg, Germany
Managing Director / Publishing direction: Harald Hof
Print: Books on Demand GmbH, In de Tarpen 42, 22848 Norderstedt, Germany

1

Schule

دبستان

Klassenzimmer
سەف
dividieren
پارکرن
186/2
Tafel
تەختە
Schulhof
هەوشا دبستانێ
Lehrer
مامۆستە
Papier
کاخەز
schreiben
نڤیساندن
Stift
پێنڤیسک
Schreibtisch
Lineal
راستەک
Buch
پرتووک
Schüler
خوەندەکار

Schultasche

چەوال

Federmappe

قووتی نڤیستوک

Bleistift

قەلەمرساس

Bleistiftspitzer

نڤیستوک تووژکر

Radierer

ژێبر

Zeichenblock

نڤیسکا نیگاری

2 Schule - دبستان

Zeichnung

نیگار

Pinsel

فرچەیا رەنگێ

Malkasten

قووتیی رەنگ

Schere

مەقەس

Klebstoff

لەزاق

Übungsheft

پرتووکا فێربوون

Hausübung

وەزیفا مالێ

Zahl

هەژمار

addieren

زێدەکرن

subtrahieren

دەرخستن

multiplizieren

زێدەکرن

rechnen

هەسباندن

Buchstabe

تیپ

Alphabet

ئالفابە

Wort

پەیڤ

Text

....

نڤیسین

lesen

....

خواندن

Kreide

....

گەچ

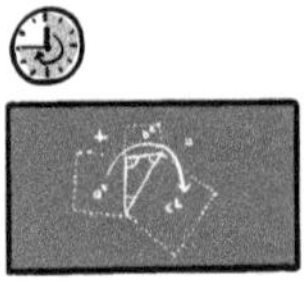

Unterrichtsstunde

....

دەرس

Klassenbuch

....

قەیدکرن

Prüfung

....

ئیمتیهان

Zeugnis

....

شەهادە

Schuluniform

....

کنجا دبستانێ

Ausbildung

....

پەروەردەهی

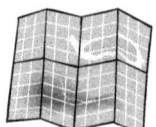

Lexikon

....

زانستنامە

Universität

....

زانینگە

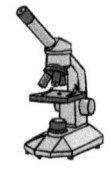

Mikroskop

....

میکرۆسکووپ

Karte

....

خەریتە

Papierkorb

....

سەبەتا کاخەزێ

Reise
ڕێوڕێتی

Hotel
مێهمانخانە

Herberge
مێهمانخانە

Wechselstube
نۆڤیسا پەرە فدگوهارتنێ

Koffer
جەنتە

Auto
ماشین

Sprache
زمان

ja / nein
بەلێ / نا

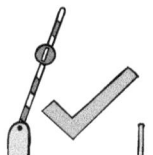

Okay
باش

Hallo
سلاڤ

Dolmetscherin
وەرگێڕا نڤیسکی

Danke
سپاس

Reise - ڕێوڕێتی

Wie viel kostet ...?

بهايێ ... چ قاسه؟

Ich verstehe nicht.

نهز فام ناكم

Problem

ئاریشه

Guten Abend!

ئێڤار باش!

Guten Morgen!

سپێدی باش!

Gute Nacht!

شهڤ باش!

Auf Wiederschaun!

خاترێ ته

Richtung

ئالی

Gepäck

هوورموور

Tasche

چەنته

Rucksack

چەنته پشت

Gast

مێڤان

Zimmer

ئۆده

Schlafsack

جامه خهو

Zelt

چادر

Touristeninformation

....

ناگاگيىن گەروكان

Strand

....

رەخىن ناقى

Kreditkarte

....

كارتى قەرزى

Frühstück

....

تاشتى

Mittagessen

....

فراقين

Abendessen

....

شيف

Fahrkarte

....

كارت

Lift

....

ناسانسۆر

Briefmarke

....

پوول

Grenze

....

تخووب

Zoll

....

گومرک

Botschaft

....

باليۆزخانه

Visum

....

ڤيزا

Pass

....

پاساپۆرت

Transport

گوهازتن

Fähre

پاپۆر

Boot

پاپۆر

Motorrad

مۆتۆرسیكلێت

Polizeiauto

ترمبێلا پۆلیسێ

Rennauto

ترمبێلا پێشبازیێ

Mietwagen

ئەرەبە كرێكرنێ

Carsharing

ماشین پەرڤەکرن

Abschleppwagen

کامیۆنا کشاندنێ

Müllwagen

کامیۆنا خوڵی

Motor

مۆتۆرسیکلێت

Kraftstoff

مازۆت

Tankstelle

ئیستەگەها بەنزینێ

Verkehrsschild

تابلۆیا ترافیکێ

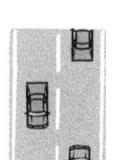

Verkehr

هاتنووچوون

Stau

ترافیک

Parkplatz

جهێ پارکێ

Bahnhof

راوەستەگا ترێنێ

Schienen

رێچ

Zug

ترێن

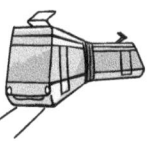

Straßenbahn

ترێنێ کۆلانێ

Wagon

ئەرەبە

Hubschrauber

بابرؤک

Flughafen

بالافرگەه

Tower

برج

Passagier

مسافر

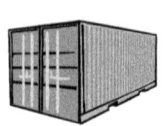

Container

قووتی

Karton

قووتی

Rollwagen

گرگرؤک

Korb

سطلک

starten / landen

رابوون / نیشتن

Stadt

باژار

Dorf

گوند

Stadtzentrum

ناڤندا باژاری

Haus

خانی

10

Stadt - باژار

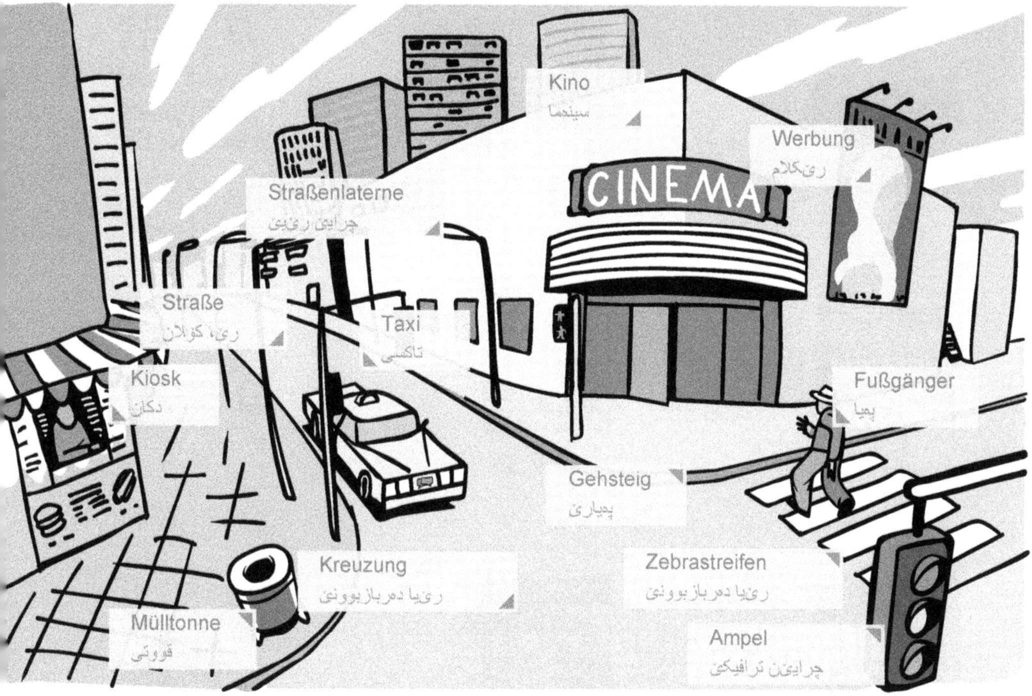

Hütte

کۆخ

Wohnung

خانی

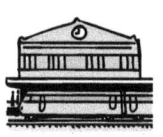

Bahnhof

راوەستەگا ترێنێ

Rathaus

تەلارا شارەڤانی

Museum

مووزەخانە

Schule

دبستان

Universität
....
زانینگە

Bank
....
بانک

Spital
....
نەخوشخانە

Hotel
....
مێڤانخانە

Apotheke
....
دەرمانخانە

Büro
....
ئۆفیس

Buchhandlung
....
کتێبفرۆشی

Geschäft
....
دکان

Blumenladen
....
گولفرۆش

Supermarkt
....
بازار

Markt
....
بازار

Kaufhaus
....
سوپەرمارکەت

Fischhändler
....
ماسیفرۆش

Einkaufszentrum
....
ناڤەندا کرین

Hafen
....
بەندەر

Park

پارک

Bank

سەکوو

Brücke

پر

Stiege

دەرنجە

U-Bahn

ژێر ئەردی

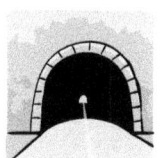

Tunnel

تونێل

Bushaltestelle

ئیستگەها ئۆتۆبووس

Bar

بار

Restaurant

خوارنگەه

Briefkasten

سندووقا پۆستێ

Straßenschild

نیشاندەرکا رێیێ

Parkuhr

مەترا پارکینگێ

Zoo

باخچا هەیوانان

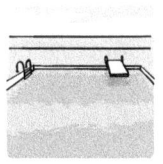

Badeanstalt

هەوزا مەلەڤانی

Moschee

مزگەفت

Bauernhof
جوتگە

Umweltverschmutzung
لەوتاندنا دەردۆر

Friedhof
گۆرستان

Kirche
كەنيسە

Spielplatz
ئەردى لێبستنێ

Tempel
پەرستگەه

Landschaft
تەبيعەت

Blatt
گەلا

Wegweiser
نيشاندەركا رێ

Weg
رێ

Wiese
مێرگ

Stein
كەڤر

Baum
دار

Wanderer
گەرزك

Fluss
چەم

Gras
گيا

Blume
كوليلك

Tal

دۆل

Hügel

گر

See

گۆل

Wald

دارستان

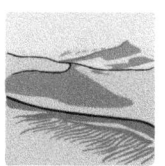

Wüste

بیابان

Vulkan

ڤۆلکان

Schloss

کەلەە

Regenbogen

کەسکەسۆر

Pilz

کڤارک

Palme

دارقەسپ

Moskito

مخمخک

Fliege

مێش

Ameise

مۆری

Biene

هنگ

Spinne

پیرێ

Landschaft - تەبیەت 15

Käfer

کێزک

Frosch

بەق

Eichhörnchen

سمۆر

Igel

ژیژوک

Hase

کەرگوە

Eule

پەپووک

Vogel

چڤیک

Schwan

قوو

Wildschwein

بەرازێ کوڤی

Hirsch

پەزکوڤی

Elch

پەزکوڤی

Staudamm

بەنداڤ

Windrad

توور بینا با

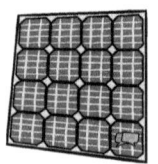

Solarmodul

پانەلا خۆرێ

Klima

ئاڤ و هەوا

Restaurant

خوارنگەه

Kellner
بەرکار
Speisekarte
Sessel
کورسی
Suppe
شۆربە
Pizza
پیزا
Tischdecke
سفرە
Besteck
چەتەل و چەمچک

Vorspeise

خوارنا دەستپێک

Hauptgericht

خوارنا سەرەکی

Nachspeise

شیرانی

Getränke

ڤەخوارنان

Essen

خوارن

Flasche

جام

Fastfood

خوارنا لەز

Streetfood

خوارنا رێیێ

Teekanne

چایدانک

Zuckerdose

قووتی شەکرێ

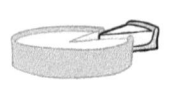

Portion

بەش

Espressomaschine

مەکینا چێکرنێ ئەسپرەسسۆ

Kinderstuhl

کورسیا بلیند

Rechnung

هەساب

Tablett

سێنی

Messer

کێر

Gabel

چەتەل

Löffel

کەڤچی

Teelöffel

کەڤچیا چای

Serviette

پێشگر

Glas

قەدەه

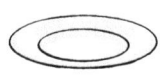

Teller

....

تەیفک

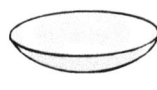

Suppenteller

....

تەیفکا شۆربە

Untertasse

....

پیالە

Sauce

....

چێنج

Salzstreuer

....

خوێدانک

Pfeffermühle

....

قووتی بیبار

Essig

....

سێک

Öl

....

روون

Gewürze

....

بهارات

Ketchup

....

کەتچاپ

Senf

....

موستارد

Mayonnaise

....

مایۆنێز

Supermarkt
بازار

Angebot
پێشکێشین تایبەت

Kunde
مشتەری

Milchprodukte
شیر ممطی

Einkaufswagen
نەرەبە

Obst
فێکی

Schlachterei
قسابی

Bäckerei
دکانا نانپێژ

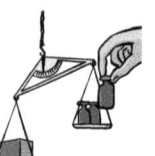

wiegen
وەزن کرن

Gemüse
سەبزە

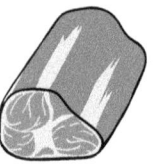

Fleisch
گۆشت

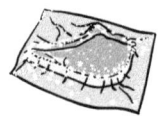

Tiefkühlkost
خوارنێ جەمەدی

Supermarkt - بازار

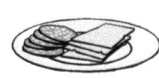

Aufschnitt	Konserven	Waschmittel
....	....	....
گۆشتێ سار	خوارنا پیلێ	خوبارێ پاقژکرنێ
Süßigkeiten	Haushaltsartikel	Reinigungsmittel
....	....	....
شرینی	بەرهەمێن ناڤخوەیی	بەرهەمێن پاقژکرنێ
Verkäuferin	Kassa	Kassiererin
....	....	....
فرۆشیار	خەزنوک	دراڤگر
Einkaufsliste	Öffnungszeiten	Brieftasche
....	....	....
لیستا کرینێ	دەمێن ڤەکری	جزدان
Kreditkarte	Tasche	Plastiktüte
....	....	....
کارتێ قەرزی	چەوال	چەنتە

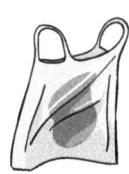

Getränke

ڤەخوارنان

Wasser

ئاڤ

Saft

شەربەت

Milch

شیر

Cola

کۆمر

Wein

شەراب

Bier

بیرا

Alkohol

ئالکۆل

Kakao

کاکۆ

Tee

چای

Kaffee

قەهوە

Espresso

ئەسپرەسسۆ

Cappuccino

کاپۆچینۆ

Essen
خوارن

Banane

....

مۆز

Apfel

....

سێو

Orange

....

پرتەقاڵی

Melone

....

گوندۆر

Zitrone

....

لیمۆن

Karotte

....

گێزەر

Knoblauch

....

سیر

Bambus

....

قامر

Zwiebel

....

پیاز

Pilz

....

قارچک

Nüsse

....

گەویز

Nudeln

....

شهیره

Spaghetti

....

سپاگێتتی

Reis

....

برنج

Salat

....

سەلەتە

Pommes frites

....

چیپس

Bratkartoffeln

....

پەتەتەیا براشتی

Pizza

....

پیزا

Hamburger

....

هامبورگەر

Sandwich

....

نانۆک

Schnitzel

....

گوشتێ ستوویێ بەرخی

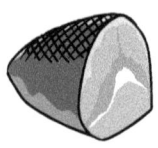

Schinken

....

گۆشتێ هشککری

Salami

....

سالامێ

Wurst

....

سۆسیس

Huhn

....

مریشک

Braten

....

بژارتن

Fisch

....

ماسی

Haferflocken

شۆربە بلوول

Müsli

مووسلی

Cornflakes

کەرتێن گلگلان

Mehl

نارد

Croissant

جرۆسسانت

Semmel

سەموون

Brot

نان

Toast

تۆست

Kekse

نانک

Butter

نفیشک

Topfen

ماست

Kuchen

کولیچە

Ei

هێک

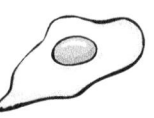

Spiegelei

هێکا قەلاندی

Käse

پەنیر

Eiscreme

....

دۆندرمە

Zucker

....

شەکر

Honig

....

هەنگڤ

Marmelade

....

مرەبا

Schokoladenaufstrich

....

خامەیا نۆوگات

Curry

....

کوری

Bauernhof

جۆتگەھ

Bauernhaus — خانیا جمولگا
Scheune — کادین
Strohballen — تپکا پووشن
Feld — زەڤی
Pferd — ھەسپ
Anhänger — کاروان
Fohlen — جانی
Traktor — تراکتور
Esel — کەر
Lamm — بەرخ
Schaf — بەران

Ziege

بزن

Kuh

چێلەک

Kalb

گۆلک

Schwein

بەراز

Ferkel

خنزیرک

Stier

بوحد

Gans

قاز

Ente

مراقی

Küken

جووچک

Huhn

مریشک

Hahn

کەڵەشێر

Ratte

جرج

Katze

کتک

Maus

مشک

Ochse

گا

Hund

کووچک

Hundehütte

خانیا کووچکێ

Gartenschlauch

خانی باخێ

Gießkanne

قووتیکا ئاڤدانێ

Sense

شالووک

Pflug

گاسن

28 Bauernhof - جۆتگەه

Sichel

....

داس

Hacke

....

مەربێزر

Mistgabel

....

دارساپیک

Axt

....

بڤر

Schubkarre

....

دەستگەرە

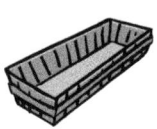

Trog

....

قووتی خوارنا جانداران

Milchkanne

....

قووتی شیر

Sack

....

توور

Zaun

....

چەپەر

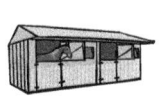

Stall

....

ئاخور

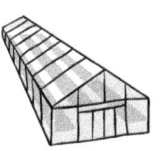

Treibhaus

....

خانا کولیلکان

Boden

....

ئاخ

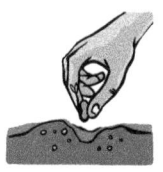

Saat

....

دەندک

Dünger

....

پەین

Mähdrescher

....

کومباین

ernten

زاد

Ernte

زاد

Yamswurzel

پەتەتە

Weizen

گەنم

Soja

فاسۆلی

Erdapfel

پەتەتە

Mais

دەخل

Raps

دندک

Obstbaum

داری فێکی

Maniok

سێڤی بن ئەردی

Getreide

زاد

Haus

خانی

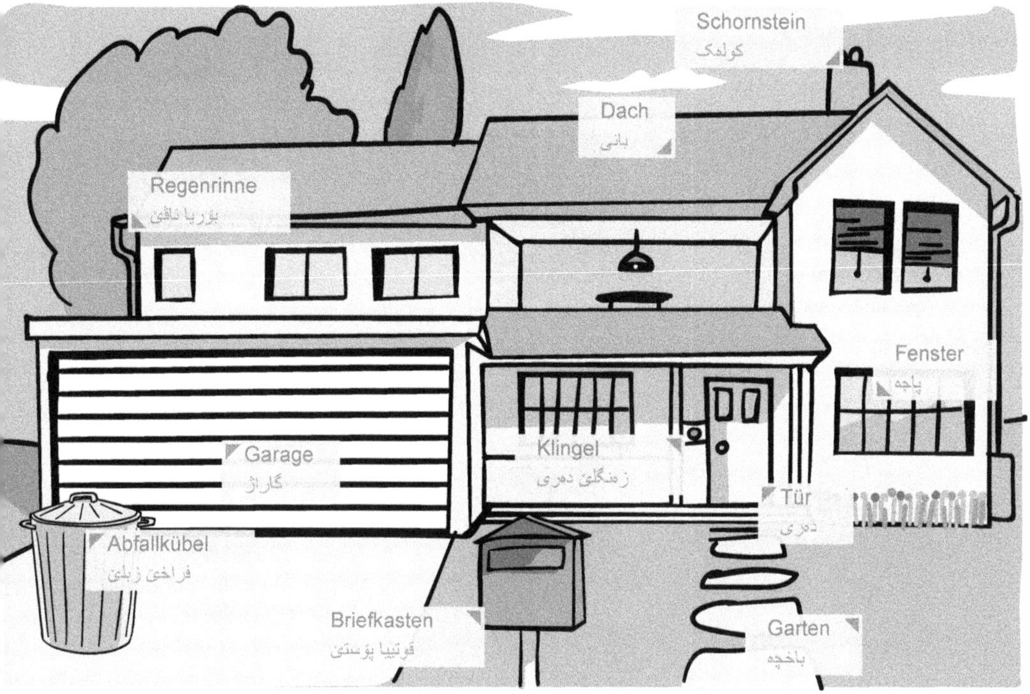

Schornstein
Dach
Regenrinne
بۆریا ئاڤێ
Fenster
Garage
گاراژ
Klingel
Tür
دەری
Abfallkübel
Briefkasten
قوتیا پۆستێ
Garten
باخچە

Wohnzimmer

ئۆدا روونشتنێ

Badezimmer

هەمام

Küche

مەتبەخ

Schlafzimmer

ئۆدا خەوێ

Kinderzimmer

ئۆدەیا زارۆک

Esszimmer

ئۆدا شیڤێ

Haus - خانی

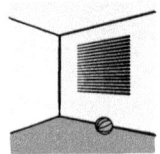

Boden

بنی

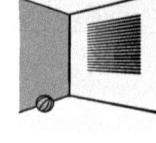

Wand

دیوار

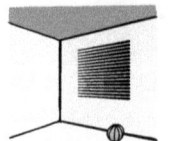

Decke

بەربان

Keller

خەنزک

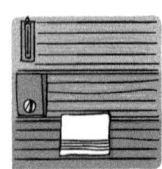

Sauna

ساونا

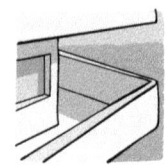

Balkon

بالکۆن

Terrasse

بەردانک

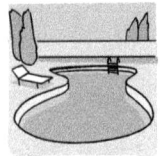

Schwimmbad

هەوزا مەلەڤانی

Rasenmäher

چیمەن بڕ

Bettbezug

مەلهەفە

Bettdecke

بەتانی

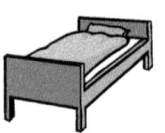

Bett

نڤین

Besen

گەزک

Kübel

ساتل

Schalter

کلیل

Wohnzimmer
ئۆدا روونشتنێ

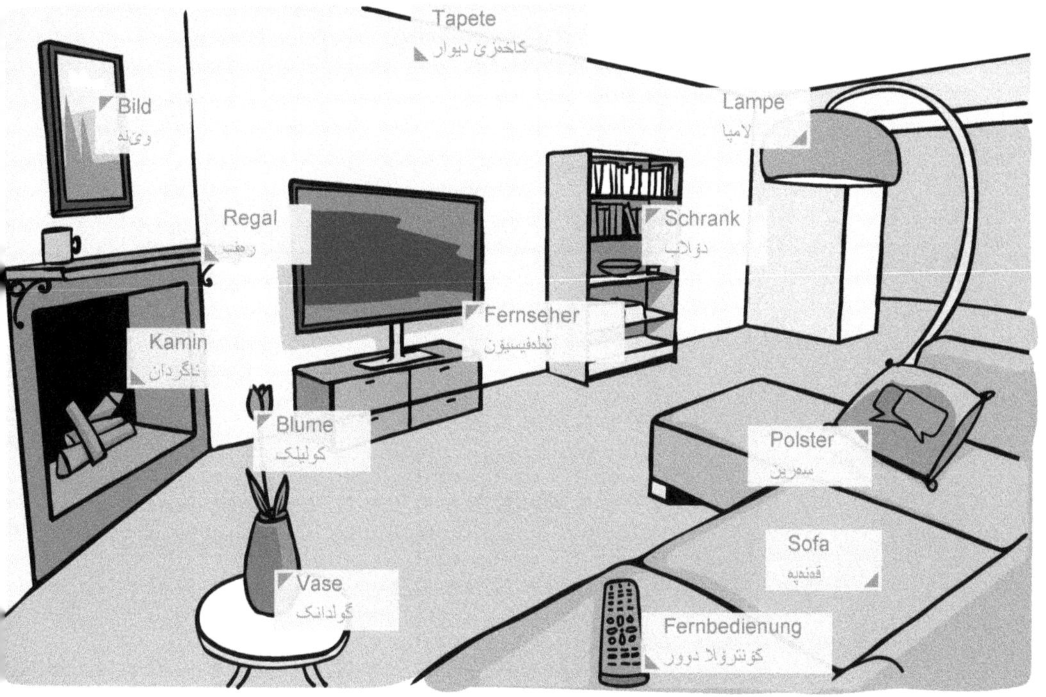

- Tapete — كاخەزێ ديوار
- Bild — وێنە
- Lampe — لامپا
- Regal — رەفت
- Schrank — دۆلاب
- Kamin — ئاگردان
- Fernseher — تەلەڤيسيۆن
- Blume — كوليلك
- Polster — سەمەرێن
- Vase — گولدانك
- Sofa — قەنەپە
- Fernbedienung — كۆنترۆلا دوور

Teppich — خاليچە

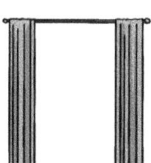

Vorhang — پەردە

Tisch — مێز

Sessel — كورسى

Schaukelstuhl — كورسيا هەژائۆك

Sessel — كورسى

Buch
....
پرتووک

Decke
....
بەتانی

Dekoration
....
خەملاندن

Feuerholz
....
ئۆزنگ

Film
....
فیلم

Stereoanlage
....
هـ-ف

Schlüssel
....
کلیل

Zeitung
....
ڕۆژنامە

Gemälde
....
نیگار

Poster
....
پۆستەر

Radio
....
ڕادیۆ

Notizblock
....
دەفتەر

Staubsauger
....
سڤنکا ئەلەکتریکی

Kaktus
....
کاکتووس

Kerze
....
مۆم

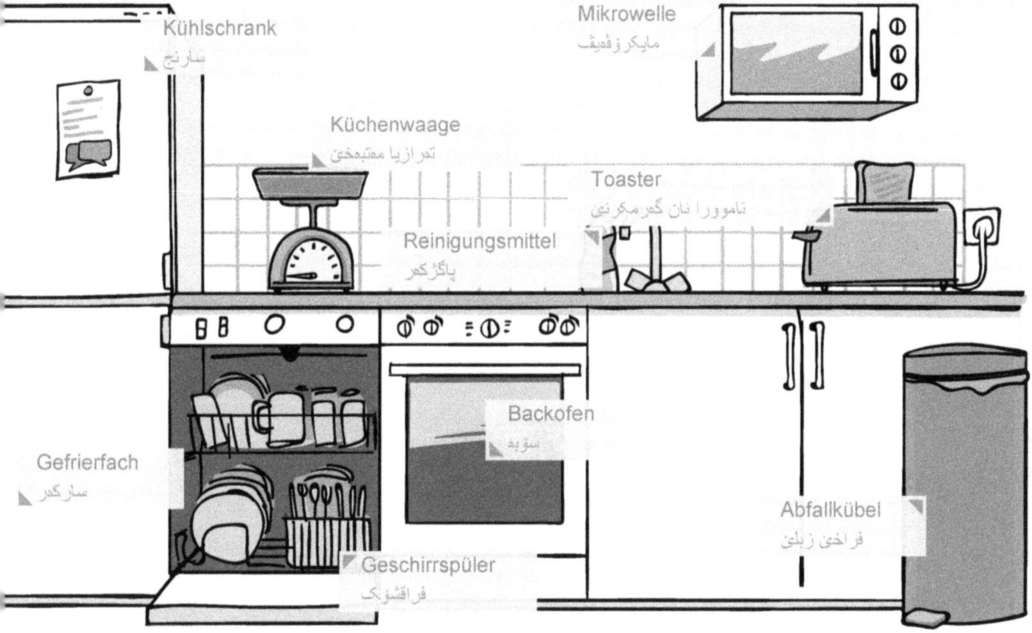

Küche
مەتبەخ

Kühlschrank
سارنج
Mikrowelle
مایکرۆڤەیڤ
Küchenwaage
تەرازیا مەتبەخێ
Toaster
ناموورا نان گەرمکرنێ
Reinigungsmittel
Backofen
سۆبە
Gefrierfach
سارکەر
Abfallkübel
فراخێ زبلێ
Geschirrspüler
فراقشۆک

Herd
سۆبە

Topf
نامان

Eisentopf
نامانێ نووتوو

Wok / Kadai
فراقێ مەزن

Pfanne
دیزک

Wasserkocher
کەلینک

Küche - مەتبەخ 35

Dampfgarer

فراقی هەڵمی

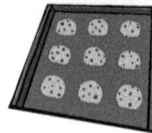

Backblech

سێنی نانی

Geschirr

فراق

Becher

پیاڵە

Schale

کاسک

Essstäbchen

داری نانخوارن

Schöpflöffel

هەسک

Pfannenwender

کەڤچیا مەزن

Schneebesen

رینەک

Kochsieb

کەفگیر

Sieb

بێژنگ

Reibe

رێشکەر

Mörser

دەستار

Grill

براشتن

Kaminfeuer

ئاگرێ ڤالا

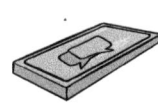

Schneidebrett

....

تەختەیا برینێ

Nudelholz

....

دارکێ تیرێ

Korkenzieher

....

دەڤک بادەک

Dose

....

قووتی

Dosenöffner

....

قووتیڤەکر

Topflappen

....

جاوێ ئامانان

Waschbecken

....

دەستشۆ

Bürste

....

فرچە

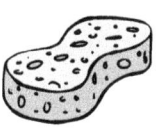

Schwamm

....

پارازوا

Mixer

....

تەڤدێر

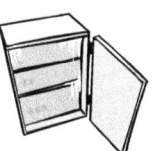

Gefriertruhe

....

سارکەرێ جەمەدێ

Babyflasche

....

شووشە بەبکان

Wasserhahn

....

هەنەفی

Badezimmer

هەمام

Klo

توالەت

Hocktoilette

توالەتا نەردی

Bidet

توالەت

Pissoir

ئاڤدەستخانا مێزان

Klopapier

کاخەزا توالەت

Klobürste

فرشەیا توالەت

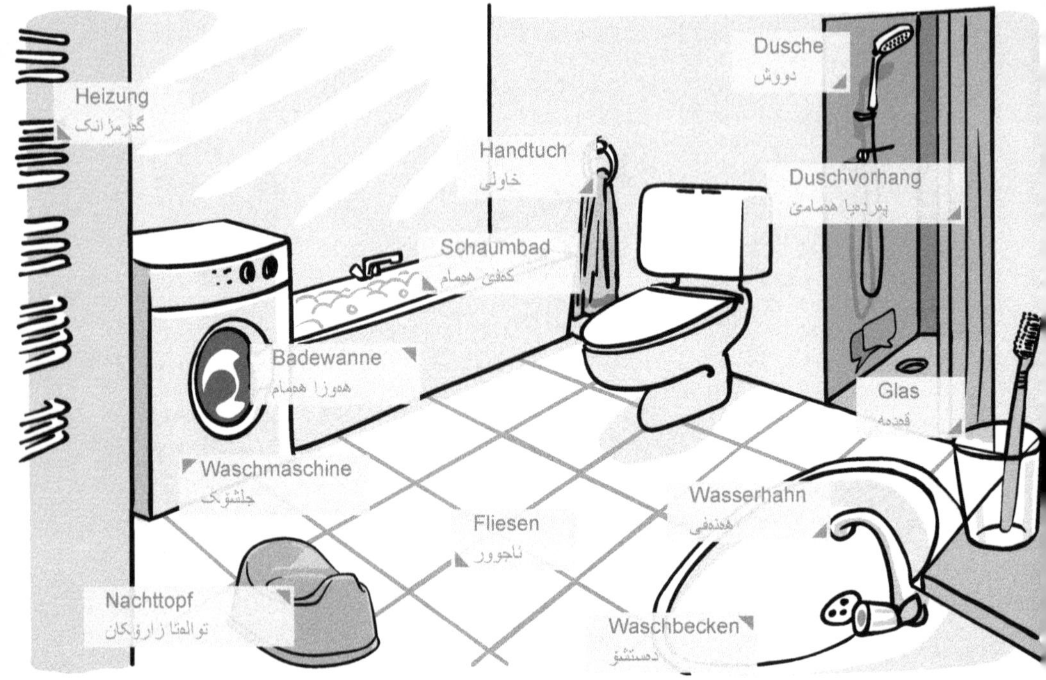

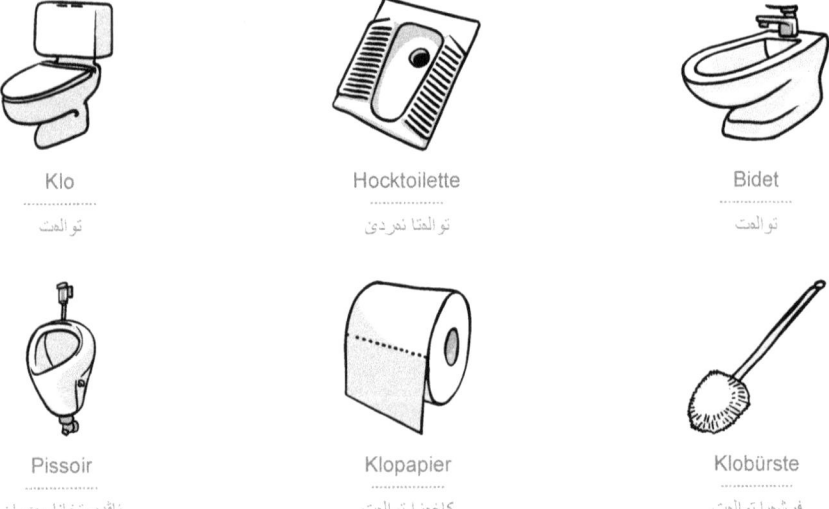

Zahnbürste

....

فرچەیا دران

Zahnpasta

....

مەجوونا دران

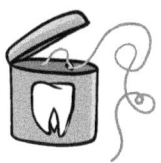

Zahnseide

....

نمخا ددان

waschen

....

شووشتن

Handbrause

....

دووشێ دەستێ

Intimdusche

....

دووش

Waschschüssel

....

دەستشۆ

Rückenbürste

....

فرچا پشت

Seife

....

سابوون

Duschgel

....

جێلێ هەمام

Shampoo

....

شامپۆ

Waschlappen

....

فانیلە

Abfluss

....

زێراب

Creme

....

کرێم

Deodorant

....

بێهن خوشکر

Spiegel

....

مرێک

Kosmetikspiegel

....

مرێکا دەستێ

Rasierer

....

گووزان

Rasierschaum

....

کەفێ تەراشینێ

Rasierwasser

....

مەجوونا پشتی تەراشینێ

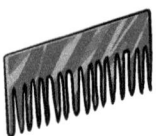

Kamm

....

شەه

Bürste

....

فرچە

Föhn

....

پۆر هیشککر

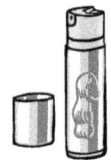

Haarspray

....

سپرایا پۆرێ

Makeup

....

کۆزمەتیک

Lippenstift

....

سۆراڤک

Nagellack

....

رەنگێ نینۆک

Watte

....

پەمبوو

Nagelschere

....

مەقەستا نینۆک

Parfum

....

پارفووم

Kulturbeutel

چەواڵێ هەمامێ

Hocker

کورسیا بێپشت

Waage

تەرازی

Bademantel

کنجا هەمامێ

Gummihandschuhe

لەپکا لاستیکێ

Tampon

تامپۆن

Damenbinde

خاولیا پاقژکرنێ

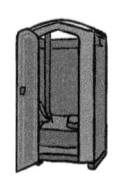

Chemietoilette

توالێتا کیمییەوی

Badezimmer - هەمام

Kinderzimmer

ئۆدەیا زارۆک

Wecker
دەمژمێرک
Kuscheltier
لیستۆک
Spielzeugauto
ماشینا لیستۆک
Rassel
خشخشۆک
Puppenhaus
مالا لیستۆک
Geschenk
خەلات

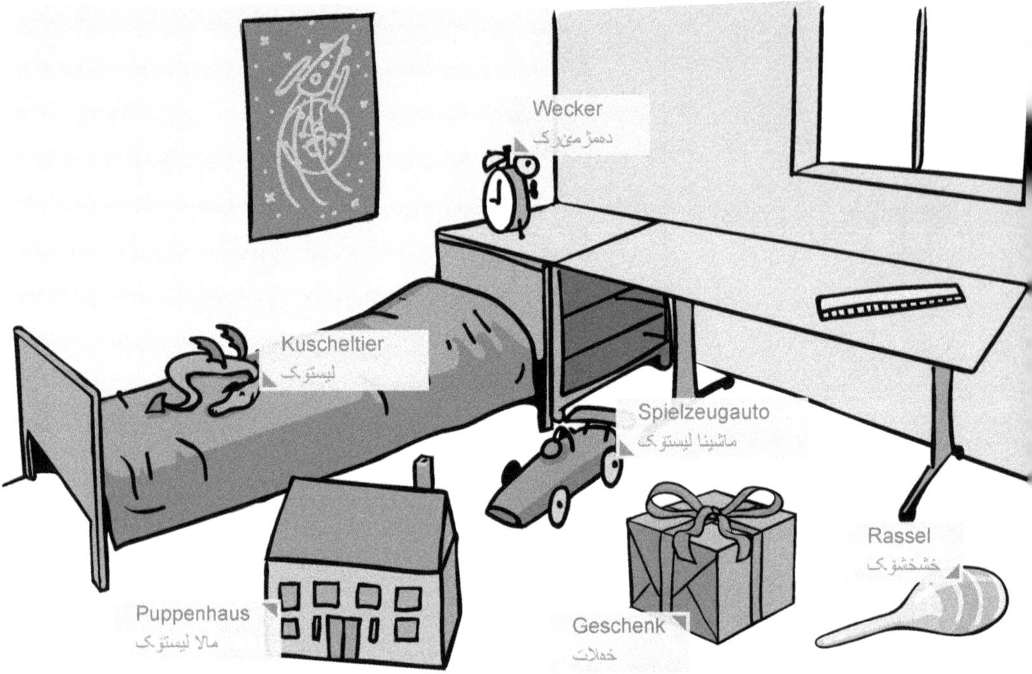

Ballon

پفدانک

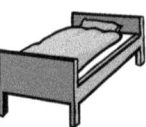

Bett

نڤین

Kinderwagen

کۆچک

Kartenspiel

لیستکا کارتێ

Puzzle

فریزبی

Comic

کۆمیک

Legosteine

ئاجوورا لێگۆ

Bausteine

ئاجوورا لیستۆک

Actionfigur

بووکە شووشە

Strampelanzug

کنجا بەبکان

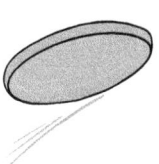

Frisbee

فرزبی

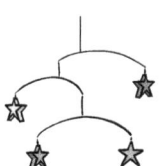

Mobile

ڤەگوهەستن

Brettspiel

لیستکێن تەختە

Würfel

مۆر

Modelleisenbahn

مۆدێلا ترێنێ

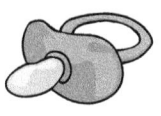

Schnuller

مەمک

Party

جەژن

Bilderbuch

کتێبا وێنە

Ball

تۆپ

Puppe

بووکە شووشە

spielen

لەیستن

Sandkasten

کونا خیزێ

Schaukel

جۆلانە

Spielzeug

لیستۆکان

Spielkonsole

لیستکا ڤیدەویی

Dreirad

سێچەرخە

Teddy

هرچا لیستۆک

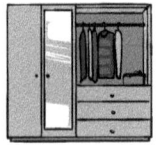

Kleiderschrank

جلدانک

Kleidung

کنج

Socken

گۆرە

Strümpfe

گۆرە

Strumpfhose

دەرپێگۆرێ

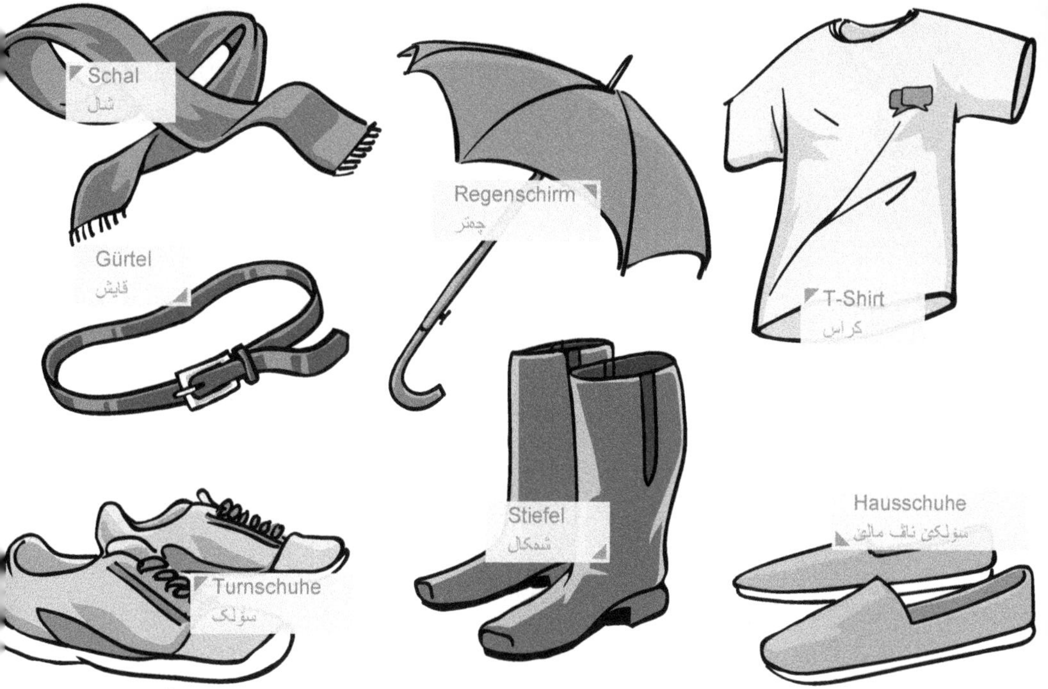

Schal
Regenschirm
چەتر
T-Shirt
کراس
Gürtel
قایش
Stiefel
شمکال
Hausschuhe
سۆلکێ ناڤ مالێ
Turnschuhe
سۆلک

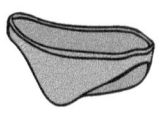

Sandalen

....

سۆلک

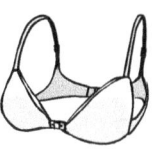

Schuhe

....

سۆل

Gummistiefel

....

پۆتینا چەرمێ

Unterhose

....

پانتۆلێ ژێر

Büstenhalter

....

پێسیر بەند

Unterhemd

....

چەکبەند

Body

جەندەمک

Hose

پانتۆل

Jeans

ژەانس

Rock

دامان

Bluse

کراس

Hemd

کراس

Pullover

فانیلە

Kapuzenpullover

فانیلە

Blazer

جاکێت

Jacke

ساکۆ

Mantel

چاکەت

Regenmantel

بارانی

Kostüm

لەباس

Kleid

فیستان

Hochzeitskleid

جلی داوەتی

Anzug

جاکێت

Nachthemd

پێجامە

Pyjama

پێجامە

Sari

سارێ

Kopftuch

لەچک

Turban

مێزەر

Burka

هێرام

Kaftan

کافتان

Abaya

ئەبا

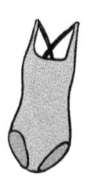

Badeanzug

کنجا ئاژنێکرن

Badehose

جلکا مەلەڤانی

kurze Hose

شۆرت

Jogginganzug

جلا هێڤۆژکاری

Schürze

پێشمال

Handschuhe

لەپک

Knopf

....

دووگمه

Brille

....

بەرچاڤک

Armband

....

بازن

Halskette

....

گەردەنی

Ring

....

گوستیل

Ohrring

....

گوهارک

Mütze

....

دەڤک

Kleiderbügel

....

هلاڤستەک

Hut

....

کووم

Krawatte

....

کراوات

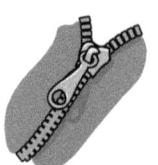

Reißverschluss

....

زیپ

Helm

....

سەرپارێز

Hosenträger

....

دەرزی

Schuluniform

....

کنجا دبستانێ

Uniform

....

یوونیفۆرم

Lätzchen

بەردلىك

Schnuller

مەمەك

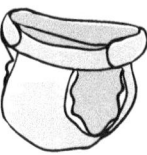

Windel

پۇنداخ

Büro
ئۆفيس

Server
Aktenschrank
دۆلابىق بەلگە
Papier
Drucker
چاپەر
Monitor
نىشاندەر
Schreibtisch
Maus
Ordner
دەفتەر
Tastatur
Papierkorb
Computer
كومپيوتەر
Sessel
كورسى

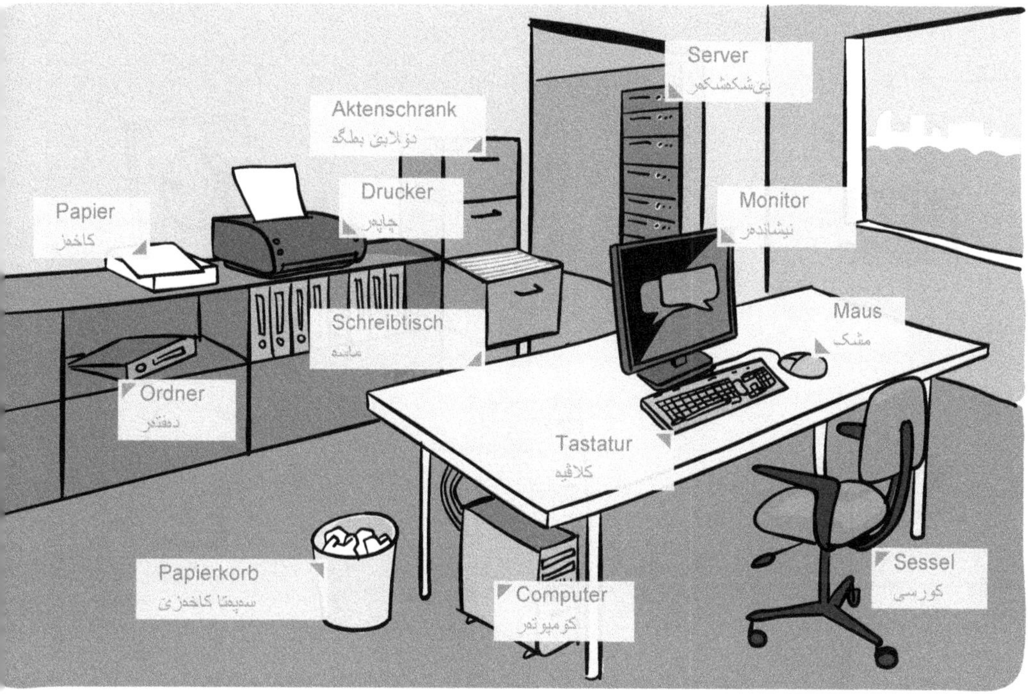

Kaffeebecher

كاسكا قەھوە

Taschenrechner

ھەسابكەر

Internet

ئىنتەرنەت

Laptop

....

كۆمپيوتەرا لاپتوپ

Brief

....

نامە

Nachricht

....

پەيام

Handy

....

تەلەفۆنا مۆبيل

Netzwerk

....

تۆر

Kopierer

....

مەكينا فۆتۆكۆپيى

Software

....

سۆفتوارە

Telefon

....

تەلەفۆن

Steckdose

....

سۆجكەتا فيشەك

Fax

....

مەكينا فاخىَ

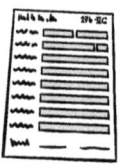

Formular

....

فۆرم

Dokument

....

بەلگە

Wirtschaft
ئابۆری

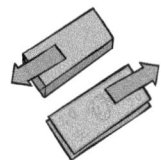

kaufen

کڕین

bezahlen

پەرە دان

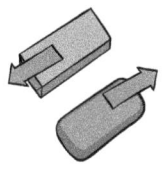

handeln

بازرگانی

Geld

پەرە

Dollar

دۆلار

Euro

یۆرۆ

Yen

یەنێ ژاپۆنێ

Rubel

رۆبلێ رووسی

Franken

فرانکێ سویسێ

Renminbi Yuan

یوانێ چینێ

Rupie

رووپێ هندی

Bankomat

مەکینا ژخوەبەرا دراف

Wirtschaft - ئابۆری 51

Wechselstube

ئۆفیسا پەرە ڤەگوهارتنێ

Gold

زێڕ

Silber

زیڤ

Öl

نەفت

Energie

وزە

Preis

بها

Vertrag

پەیمان

Steuer

تاخ

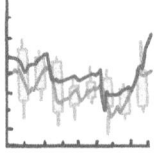

Aktie

سەهام

arbeiten

کارکرن

Angestellte

کارکەر

Arbeitgeber

کاردا

Fabrik

فابریکا

Geschäft

دکان

Berufe
پرۆفەسیۆن

Polizist
پۆلیس
Feuerwehrmann
ئاگرکوژ
Koch
Ärztin
Pilot
فڕۆکەڤان

Gärtner

باخچەڤان

Tischler

نەجار

Schneiderin

دروونڤان

Richter

هاکم

Chemikerin

شیمیازان

Schauspieler

شانۆگەر

Berufe - پرۆفەسیۆن

Busfahrer

شوفێری باسی

Taxifahrer

شوفێرەکی تاکسیێ

Fischer

ماسیڤان

Putzfrau

پاگژکەر

Dachdecker

چێکری بانی

Kellner

بەرکار

Jäger

نێچرڤان

Maler

رەنگرێس

Bäcker

نانپێژ

Elektriker

کارەباڤان

Bauarbeiter

ئاڤاکەر

Ingenieur

ئەندەزیار

Schlachter

قەساب

Installateur

لوولەکار

Briefträgerin

پۆستەڤان

Soldat

ئەسکەر

Architekt

میمار

Kassiererin

دراڤگر

Blumenhändlerin

فرۆتکارا چیچەکان

Friseur

پۆرچێکەر

Schaffner

ئاژۆڤان

Mechaniker

مەکانیک

Kapitän

کەشتیڤان

Zahnärztin

پزیشکا ددانان

Wissenschaftler

زانستیار

Rabbi

رووهان

Imam

ئیمام

Mönch

کەشە

Pfarrer

کەشیش

Werkzeuge
ئامووران

Hammer
Zange
مووچینگ
Schraubenzieher
Schraubenschlüssel
ناچەر
Taschenlampe
دارا چرا

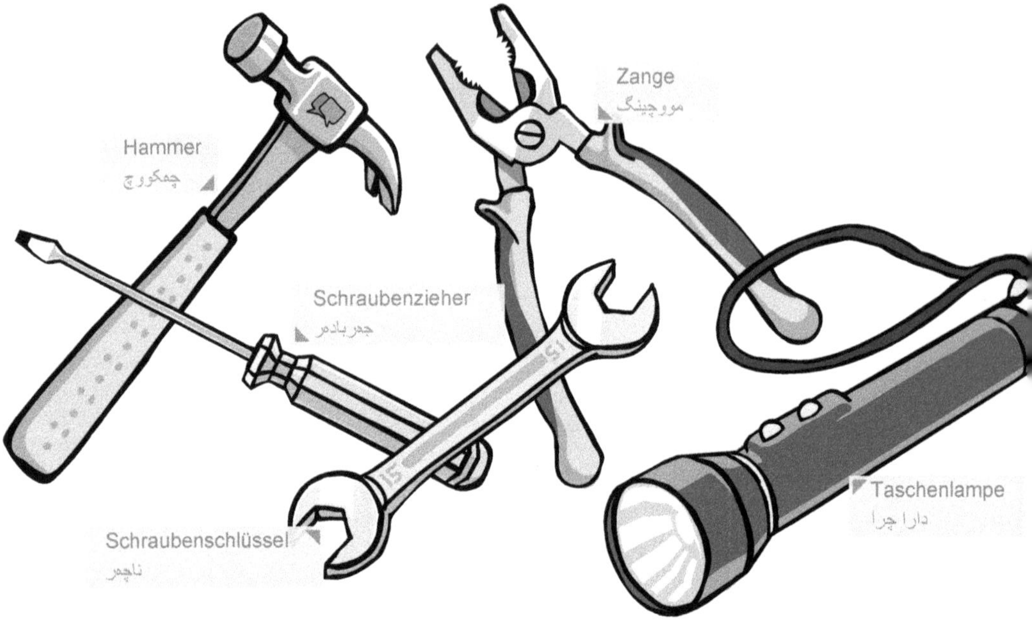

Bagger

شۆفەل

Werkzeugkasten

قووتیا ئامووران

Leiter

پەیژە

Säge

مشار

Nägel

میخ

Bohrer

قولکرن

reparieren

چێکرن

Schaufel

مەربێر

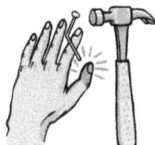

Scheiße!

نالەت!

Kehrschaufel

بێل

Farbtopf

قووتیا رەنگێ

Schrauben

جەر

Musikinstrumente

ئاموورێن مووزیکێ

Lautsprecher
بلیندگو
Schlagzeug
کۆمێ دەهۆل
Gitarre
گیتار
Kontrabass
جۆرەیا گیتار
Trompete
زرنا

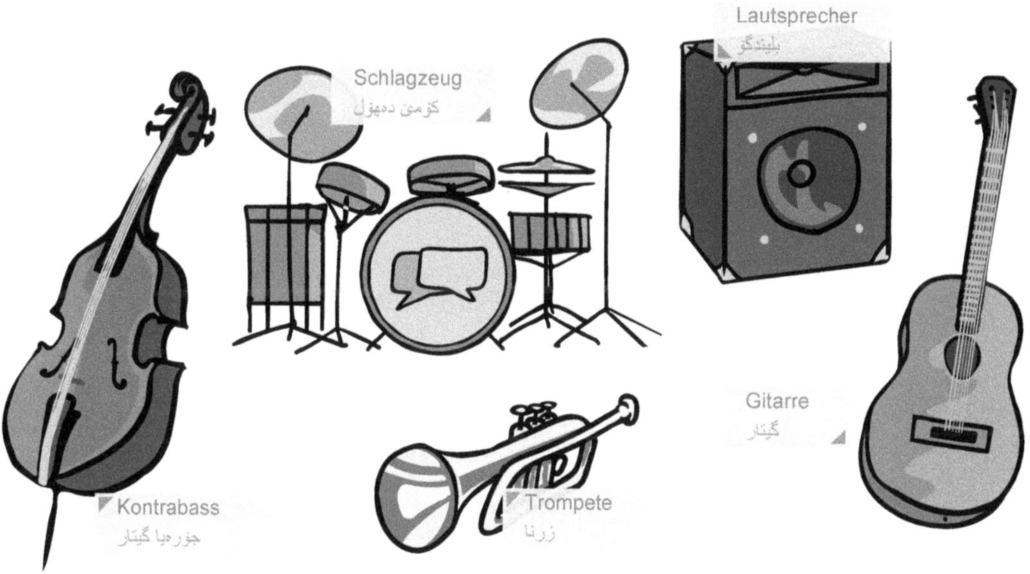

Klavier
پیانو

Violine
قیولین

Bass
باس

Pauke
دەھۆل

Trommeln
داھۆل

Tastatur
کیبێۆرد

Saxophon
ساکسۆفۆن

Flöte
بلوور

Mikrofon
میکرۆفۆن

Musikinstrumente - ناموورێن موۆزیکێ

Zoo
باخچا هەیوانان

Eingang
Tiger
Käfig
Zebra
Tierfutter
خوارنا هەیوان
Panda
پاندا

Tiere

هەیوان

Elefant

فیل

Känguru

کانگاروو

Nashorn

کەرکەدەن

Gorilla

گوریل

Bär

هرچ

Zoo - باخچا هەیوانان 59

Kamel

هێشتر

Strauß

هێشترمە

Löwe

شێر

Affe

مەیموون

Flamingo

فلامینگۆ

Papagei

پاپاخان

Eisbär

هرچا جەمسەری

Pinguin

پەنگوین

Hai

سەماسی

Pfau

تاووس

Schlange

مار

Krokodil

تمساھ

Zoowärter

پارێزەرا باخچا ئاژالان

Robbe

سەیا دەریا

Jaguar

پلنگ

Pony

ھەسپ

Leopard

پڵنگ

Nilpferd

ھەسپی ڕووبار

Giraffe

جانەی‌شتر

Adler

ھەڵۆ

Wildschwein

بەرازی کۆڤی

Fisch

ماسی

Schildkröte

کووسی

Walross

والراس

Fuchs

ڕوڤی

Gazelle

خەزال

Sport

وەرزش

Fußball

فووتبول

Badminton

بادمىنتون

Leichtathletik

يىڭ ئاتلەتىزمى

Handball

ھەندبول

Skifahren

بەفرا ژۆتن

Polo

پۆلۆ

Aktivitäten
چالاکیان

springen
هلپەکە

lachen
کەنین

umarmen
هەمبێز

gehen
بڕۆچوون

singen
لاوژە گوتن

träumen
خەون دیتن

beten
نمێژ کرن

küssen
ماچکرن

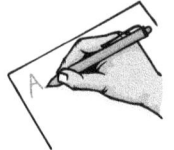

schreiben

نڤیساندن

zeichnen

نیگار کێشان

zeigen

نیشان دان

drücken

پالدان

geben

دابین

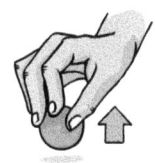

nehmen

راکرن

haben

....

هەبین

machen

....

کرن

sein

....

بوون

stehen

....

سەکنین

laufen

....

بازدان

ziehen

....

کشاندن

werfen

....

ئاڤێتن

fallen

....

کەتن

liegen

....

دەرەو کرن

warten

....

سەکنین

tragen

....

گوهێزتن

sitzen

....

روونشتن

anziehen

....

جل بەرکرن

schlafen

....

رازان

aufwachen

....

رابوون

ansehen

مێزە کرن

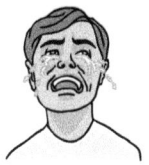

weinen

گرین

streicheln

جەلتە

frisieren

شە کرن

reden

پەیڤین

verstehen

فامکرن

fragen

پرسکرن

hören

بهیستن

trinken

ڤەخوارن

essen

خوارن

zusammenräumen

کۆم کرن

lieben

هەزکرن

kochen

خوارن چێکرن

fahren

ناژوتن

fliegen

فڕین

Aktivitäten - چالاکیان 65

segeln

کەشتیڤانی

rechnen

هەسباندن

lesen

خواندن

lernen

هینبوون

arbeiten

کارکرن

heiraten

زەوجین

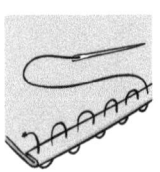

nähen

درووتن

Zähne putzen

ددان شووتن

töten

کوشتن

rauchen

دووخان

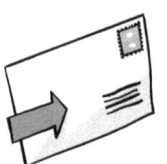

senden

شاندن

Familie
مالبات

Großmutter
داپیر
Großvater
Vater
Mutter
Baby
Tochter
Sohn

Gast

....

مێڤان

Tante

....

مەت

Onkel

....

ناپ/خال

Bruder

....

برا

Schwester

....

خوشك

Familie - مالبات 67

Körper

بەدەن

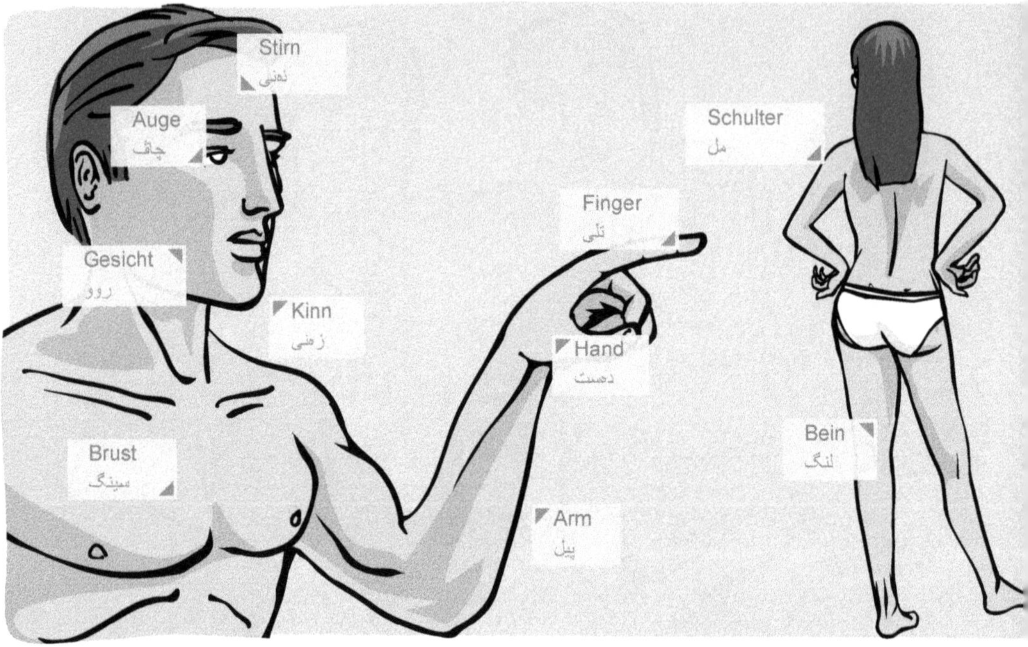

Stirn — ئەنی
Auge — چاو
Gesicht — ڕوو
Brust — مێنگ
Kinn — زنی
Finger — تلی
Hand — دەست
Arm — پیل
Schulter — مل
Bein — لنگ

Baby

بەبەک

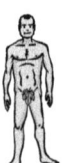

Mann

مێرد

Frau

ژن

Mädchen

کچ

Junge

کور

Kopf

سەر

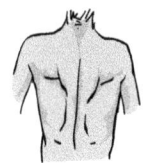

Rücken

پشت

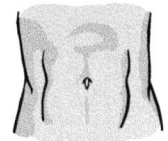

Bauch

زک

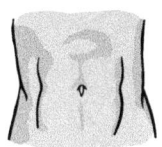

Nabel

ناڤک

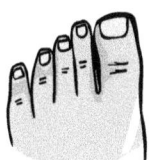

Zeh

تلییا پێ

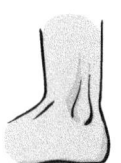

Ferse

پانی

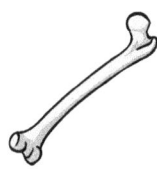

Knochen

هەستی

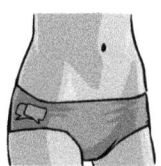

Hüfte

کوولیمەک

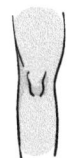

Knie

ژوونی

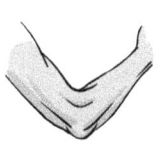

Ellbogen

ئەنیشک

Nase

دفن

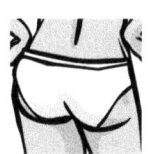

Gesäß

قوون

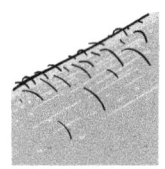

Haut

چەرم

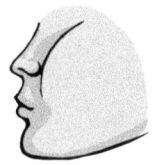

Wange

روو

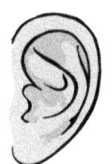

Ohr

گووه

Lippe

لێڤ

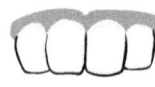

Mund

دەڤ

Zahn

دران

Zunge

زمان

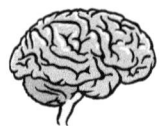

Gehirn

مێژی

Herz

دل

Muskel

ماسوول

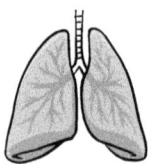

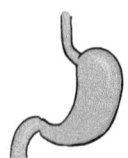

Lunge

جیگەرا سپی

Leber

جەگەر

Magen

مادە

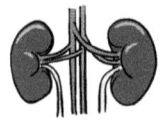

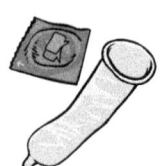

Nieren

گوورچکان

Geschlechtsverkehr

جۆتبوون

Kondom

کۆندۆم

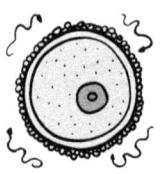

Eizelle

هێک

Sperma

تۆڤ

Schwangerschaft

دووجانی

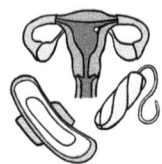

Menstruation

....

ئادە

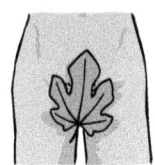

Vagina

....

قووز

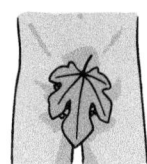

Penis

....

کیر

Augenbraue

....

بروو

Haar

....

پڕر

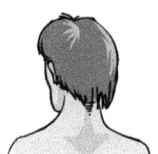

Hals

....

هووستوو

Spital
نەخوەشخانە

Spital
نەخوەشخانە

Rettung
ئەمبا نەخوەشان

Rollstuhl
ئەرەبۆکا کورسی‌مکان

Bruch
شکەستە

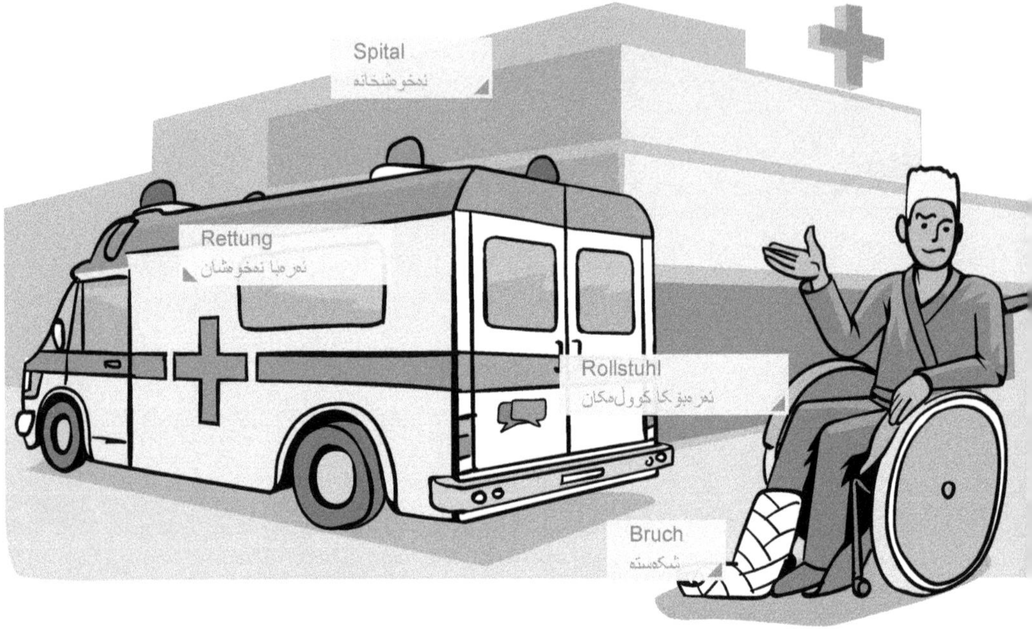

Ärztin

بژیشک

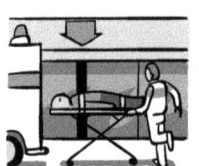

Notaufnahme

نۆدا لەزگینی

Krankenschwester

نەخوەشیار

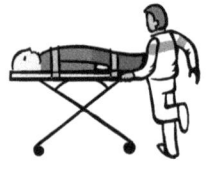

Notfall

ناجیلیبیت

ohnmächtig

بێ‌های

Schmerz

ئێش

Verletzung

بڕین

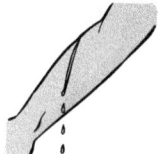

Blutung

خوێنبڕان

Herzinfarkt

هێرشا دلی

Schlaganfall

جەلتە

Allergie

ئالەرژی

Husten

کوخک

Fieber

تا

Grippe

زکام

Durchfall

ئاڤچووین

Kopfschmerzen

سەرێش

Krebs

قانسێر

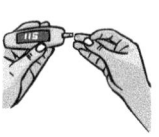

Diabetes

نەخوەشیا شەکرێ

Chirurg

ئەمەلیکار

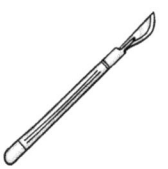

Skalpell

سکالپێل

Operation

ئەمەلی

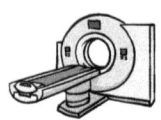

CT

جت

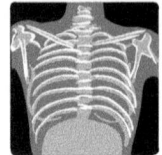

Röntgen

سوورەتی رۆنتگێن

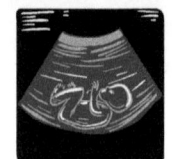

Ultraschall

ئوولتراساوند

Maske

ماسکێ roovi

Krankheit

نەخوشی

Wartezimmer

ئۆدا سەکنینێ

Krücke

گۆچان

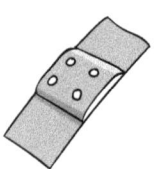

Pflaster

شێل

Verband

پاچێ برینپێچانێ

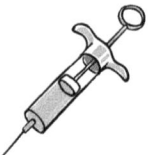

Injektion

دەرزی

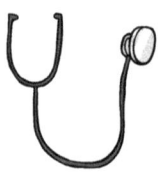

Stethoskop

بیستوکا پزیشکی

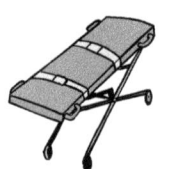

Trage

داربەست

Thermometer

تێهنپیڤا کلینیکێ

Geburt

زایین

Übergewicht

قەلەو

74 Spital - نەخوشخانە

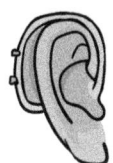

Hörgerät

ئالیکاریا بهیستنێ

Desinfektionsmittel

باکتەریکوژ

Infektion

کۆتیبوون

Virus

ڤیرووس

HIV / AIDS

هڤ / ئادس

Medizin

دەرمان

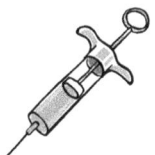

Impfung

کوتان

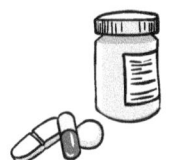

Tabletten

هەبان

Pille

هەب

Notruf

لەزگین

Blutdruckmesser

دیمەندەرێ پەستۆ خوین

krank / gesund

نەخوەش / ساخ

Notfall

ئاجیلییەت

Hilfe!

ھەوارا!

Alarm

ئالارم

Überfall

ئێریش

Angriff

ئێریشکرن

Gefahr

تالووک

Notausgang

دەرکەتنا ئاجل

Feuer!

ئاگر!

Feuerlöscher

ئاگر قەمراندنێ

Unfall

قەزا

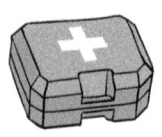

Erste-Hilfe-Koffer

ئالەتێن ئالیکاریا یەکەم

SOS

سۆس

Polizei

پۆلیس

Erde

ئەرد

Europa

ئەوروپا

Nordamerika

ئامەریکایا باکوور

Südamerika

ئامەریکایا باشوور

Afrika

ئافریکا

Asien

ئاسیا

Australien

ئاووسترالیا

Atlantik

ئاتلانتیک

Pazifik

ئۆکیانووسا مەزن

Indische Ozean

ئۆکیانووسا هندی

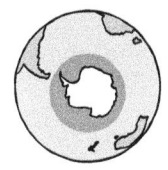

Antarktische Ozean

ئۆکیانووسا ئانتارکتیکا

Arktische Ozean

ئۆکیانووسا ئارکتیک

Nordpol

جەمسەرا باکوور

Südpol

جەمسەرا باشوور

Antarktis

ئانتارکتیکا

Erde

ئەرد

Land

ئاخ

Meer

بەهر

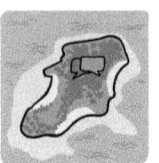

Insel

دوورگە

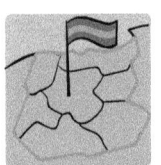

Nation

مڵلەت

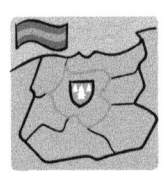

Staat

وەلات

Uhr

ساهت

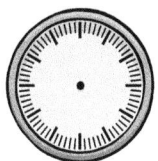

Ziffernblatt

روویئ ساهت

Stundenzeiger

نشاندەركا دەمژمێر

Minutenzeiger

نشاندەركا دەقە

Sekundenzeiger

نشاندەركا سانيە

Wie spät ist es?

سيْت چەندە؟

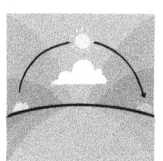

Tag

رۆژ

Zeit

دەم

jetzt

نها

Digitaluhr

ساهتێ دجیتال

Minute

دەقە

Stunde

سيْت

Woche

هەفتە

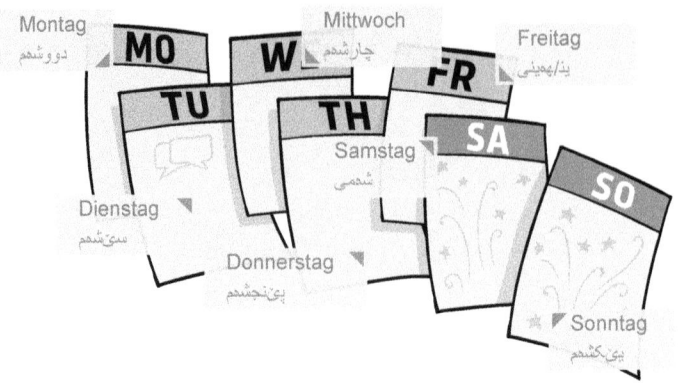

gestern

دوه

heute

ئیرۆ

morgen

سبەی

Morgen

سپێدە

Mittag

نیڤرۆ

Abend

ئێڤار

Arbeitstage

رۆژێن کاری

Wochenende

داویا هەفتە

Jahr

سال

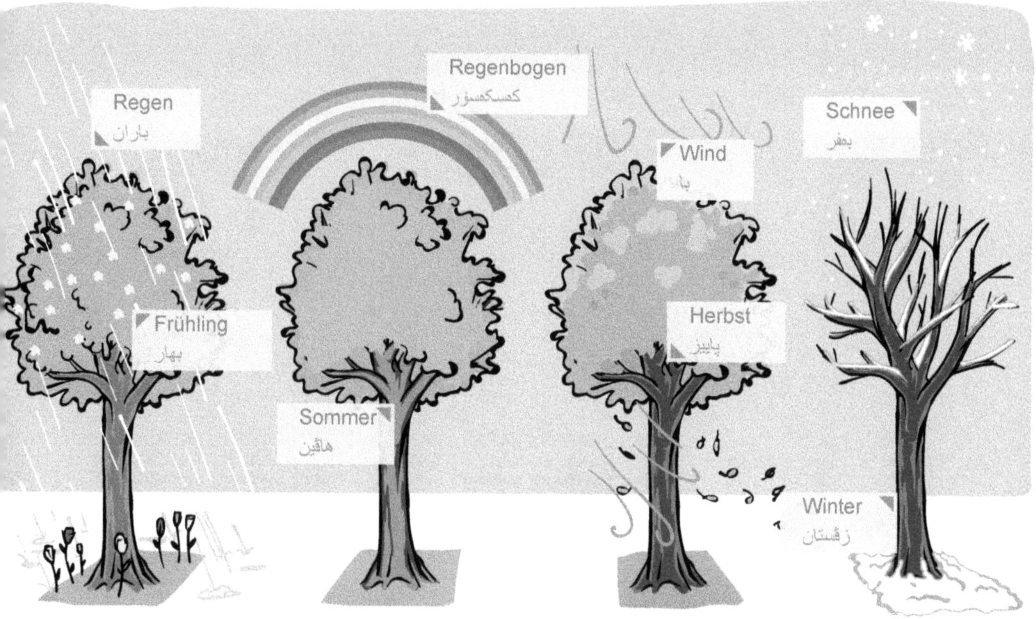

Regenbogen
کەسکەسۆر
Regen
باران
Schnee
بەفر
Wind
با
Frühling
Sommer
Herbst
پاییز
Winter
زڤستان

Wettervorhersage

پێشبینیا هەوا

F
C

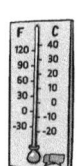

Thermometer

تەهنپیڤ

Sonnenschein

تاڤ

Wolke

هەور

Nebel

مژ

Luftfeuchtigkeit

هێمی

Jahr - سال 81

Blitz

برق

Donner

برووسک

Sturm

تۆفان

Hagel

تەرگ

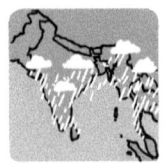

Monsun

مانسوون

Flut

لەهی

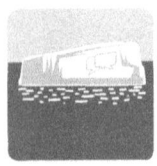

Eis

جەمەد

Jänner

ڕێبەندان

Februar

ڕەشەمە

März

نەورۆز

April

گولان

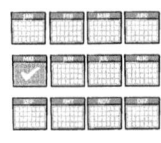

Mai

جۆزەردان

Juni

پووشپەر

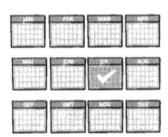

Juli

گەلاوێژ

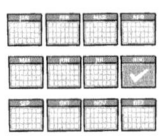

August

خەرمانان

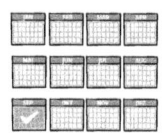

September

ڕەزبەر

Oktober

کەوچێڕ

November

سەرماوەز

Dezember

بەفرانبار

Formen

شێوە

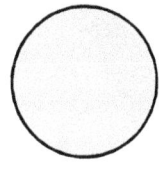

Kreis

چەمبەر

Quadrat

چارچک

Rechteck

چارقۆزی

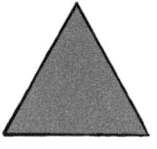

Dreieck

سێقۆزی

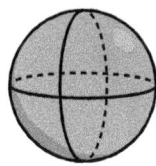

Kugel

قادا

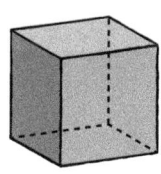

Würfel

خشتەک

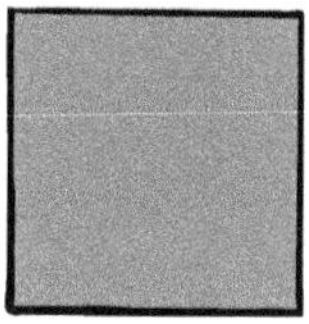

Farben

رەنگان

weiß

سپی

gelb

زەر

orange

پرتەقالی

pink

پەمبە

rot

سوور

lila

مۆر

blau

شین

grün

کەسک

braun

قەهوەیی

grau

گەور

schwarz

رەش

Gegenteile

بەرامبەران

viel / wenig

....

زۆر / کەم

wütend / friedlich

....

ب هێرس / بێدەنگ

hübsch / hässlich

....

بەدەو / نەرند

Anfang / Ende

....

دەستپێک / داوی

groß / klein

....

مەزن / بچووک

hell / dunkel

....

رۆنی / تاری

Bruder / Schwester

....

براک / خوشک

sauber / schmutzig

....

پاگژ / گرێژ

vollständig / unvollständig

....

تەقی / نەتەمام

Tag / Nacht

....

رۆژ / شەف

tot / lebendig

....

مری / زندی

breit / schmal

....

فرە / تەنگ

genießbar / ungenießbar

....

خوەش / نەخوەش

böse / freundlich

....

نەباش / باش

aufgeregt / gelangweilt

....

ب هەیمجان / ئاجز

dick / dünn

....

قەلەو / زراڤ

zuerst / zuletzt

....

یەکەمین / داوین

Freund / Feind

....

هەڤال / دژمن

voll / leer

....

تژی / ڤالا

hart / weich

....

رەق / نەرم

schwer / leicht

....

گران / سڤک

Hunger / Durst

....

برچی / تینی

krank / gesund

....

نەخوەش / ساخ

illegal / legal

....

نەقانوونی / قانوونی

gescheit / dumm

....

رەوشەنبیر / بالوولە

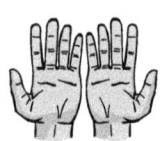

links / rechts

....

چەپ / راست

nah / fern

....

نێزی / دوور

86 Gegenteile - بەرامبەران

neu / gebraucht

نوو / بکارهاتی

nichts / etwas

هیچ / تشتەک

alt / jung

کال / جوان

an / aus

ل / ژ

offen / geschlossen

فەکری / گرتی

leise / laut

ئارام / دەنگبلند

reich / arm

دەولەمەند / رەبەن

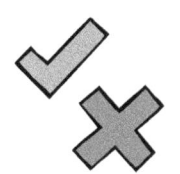

richtig / falsch

راست / شاش

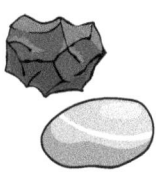

rau / glatt

دڕ / هلوو

traurig / glücklich

خەمگین / شا

kurz / lang

کورت / درێژ

langsam / schnell

هێدی / زوو

nass / trocken

شل / زوا

warm / kühl

گەرم / هێنک

Krieg / Frieden

شەڕ / ئاشتی

Zahlen

هەژماران

0

null

سفر

1

eins

یەک

2

zwei

دوو

3

drei

سێ

4

vier

چار

5

fünf

پێنج

6

sechs

شەش

7

sieben

هەفت

8

acht

هەشت

9

neun

نەه

10

zehn

دەه

11

elf

یازدە

12

zwölf

دازده

13

dreizehn

سێزده

14

vierzehn

چارده

15

fünfzehn

پازده

16

sechzehn

شازده

17

siebzehn

هەفده

18

achtzehn

هەژده

19

neunzehn

نوزدەه

20

zwanzig

بیست

100

hundert

سەد

1.000

tausend

هەزار

1.000.000

Million

ملیۆن

Sprachen

زمانان

Englisch

ئینگلیزی

Amerikanisches Englisch

ئنگلیزیا ئامەریکی

Chinesisch (Mandarin)

چینی ماندارین

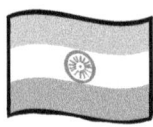

Hindi

هیندی

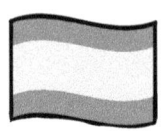

Spanisch

ئیسپانیۆلی

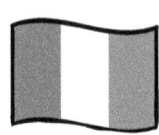

Französisch

فرەنسی

Arabisch

ئەرەبی

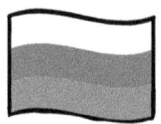

Russisch

رووسی

Portugiesisch

پۆرتوگالی

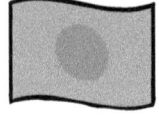

Bengalisch

بەنگالی

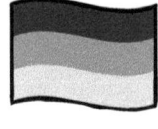

Deutsch

ئەلمانی

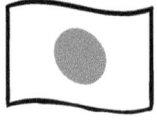

Japanisch

ژاپۆنی

wer / was / wie
کی / چ / چاوا

ich
من

du
تو

er / sie / es
نو / نحف / نو

wir
ندم

ihr
تو

sie
نو

Wer?
کی؟

Was?
چ؟

Wie?
چاوا؟

Wo?
کیدری؟

Wann?
کنگی؟

Name
ناف

wo

کوو

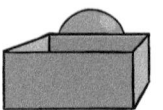

hinter

پشتی

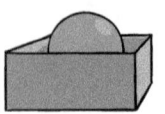

in

vor

پێشی

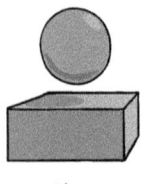

über

سەر

auf

سەر

unter

بن

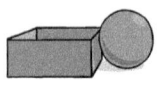

neben

کێلەک

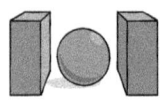

zwischen

ناڤبەر

Ort

جه

Lightning Source UK Ltd.
Milton Keynes UK
UKHW010905061120
372919UK00009B/243

9 783752 260304